김 현 욱

보이저 씨

애지시선 053

보이저 씨

2013년 10월 30일 초판 1쇄 발행
2014년 4월 19일 초판 2쇄 발행

지은이 김현욱
펴낸이 윤영진
편 집 함순례
디자인 함광일 이경훈
홍 보 한천규
펴낸곳 도서출판 애지
등록 제 2005-5호
주소 300 -812 대전광역시 동구 대전로 867번길 46(삼성동)
전화 042 637 9942
팩스 042 635 9941
전자우편 ejiweb@hanmail.net

ISBN 978-89-92219-48-8 03810

애지시선 053

보이저 씨

김현욱 시집

□ 시인의 말

36년 전 지구를 떠난 보이저 씨는
이제 태양계를 벗어나 성간 우주로 들어섰다.
불가해한 미지의 우주를 향해
지금 이 순간에도 보이저 씨는 뚜벅뚜벅 걸어가고 있다.
가끔 걷잡을 수 없이 외롭거나 막막할 때면
그와 교신하며 위로를 받았고 귀환이라는 말을 자주 들었다.

그는 제 자리를 찾아 돌아가는 중이다.
지구로부터 멀어지는 것이 아니라
시원(始原)에 가까워지는 것이다.

나도
당신도 그랬으면 좋겠다.
얼마가 걸리든 무슨 일이 생기든
모두 제 자리로 돌아갔으면 좋겠다.

2013년 가을
영일대(迎日臺)에서 김현욱

차례

제2부

제3부

제4부

제1부

얼음 사다리

상가 외벽 낭떠러지에서
차가운 바닥으로
내팽개쳐지는 아이들이 안타까워
겨우내
수많은 어머니가
목말을 타고
허리춤을 부여잡으며
얼음 사다리를 놓았던 것이다

날이 풀리면
얼음 사다리를 타고
맑은 눈동자를 가진 아이들이
똑
똑
똑
얼어붙은 땅을 깨울 것이다

보도블록

봐라

서로 껴안고
받아들여야만
길이 되는
바닥을

봐라

깨지고 잘려야
놓일 수 있는
거룩한
구석을

입동

나뭇잎이 링거액처럼 뚝뚝 떨어지고 있다 눈에 띄게 수척해진 늦가을, 하늘의 심전도를 체크 중인 저 오래된 청진기는 누구의 귀에 닿아 있을까 열십자 대열로 날아가던 철새의 무리가 부르튼 늦가을의 발바닥에 반창고로 붙어 있다 엎드려 누운 산의 어깨마다 수북이 꽂혀 있는 약침 바라보며 누군가 거대한 휠체어를 밀고 간다

입구가 환하다

부석사 가는 길

부석사 가는 길은 물음표처럼 생겼다
굽이굽이 돌아가는 길
그 물음표 위에서
사람들은 잠시 어지럼증 느끼지만
부석사 가는 길은
부석사 때문이 아니라
부석사 가는 길로 하여금
들게 된다는 것을
우리는 부석사에 와서야 알게 된다

삶의 의문이
삶 그 속으로 들게 하는 것처럼

부석사는 부석사 가는
길 끄트머리에 있는 것이 아니라
이미 부석사 가는 길까지 부석사인 것이다

한 점 느낌표로 서 있는

무량수전 배흘림

이미 날 떠받치고 있네

보이저 씨

1.

보이저* 씨의 돌잔치는 지구 밖에서 열렸다
보름달 위에 차린 돌상 받아
홀로 돌잡이를 하였는데
웬일인지 보이저 씨는 아무것도 집지 않았다
돌상 너머 파랗게 빛나던 구슬은 이미 멀리 있다는 걸
보이저 씨는 운명적으로 알고 있었던 것이다
우주의 품속으로 무작정
엉금엉금 기어들어 가기 시작한 건
그때부터였다

2.

보이저 씨는 이제 서른이다
서른 해 동안 한 일이라곤 고작
두리번두리번 걸어간 것뿐이다
수금지화목토천해명이 보이저 씨를 외우며 지나갔다
사춘기와 입시의 블랙홀을 간신히 건넜으나

무한진공 우주 어디에도
제 몸 하나 붙박아 둘 중력의 직장은 보이지 않았다
우울증이라는 소행성과 부딪칠 뻔했을 때
보이저 씨는 비로소 깨달았다
우주에 취직했다는 걸
죽을 때까지 나아가야 한다는 걸
이태백이니 삼팔선이니 이상기후의 지구에서도
용케 직장을 잡고 결혼을 하고
대범하게 아이까지 낳은 친구들이 있었지만
보이저 씨는 애오라지 걸어가기만 했다
내 직장은 우주다 내 일은 나아가는 것이다
남들이 비웃고 손가락질해도 보이저 씨는
조금씩 잊혀져 간다 머물러 있는 사랑인 줄 알았는데
또 하루 멀어져 간다
매일 이별하며 살고 있구나**
지구에서 유행하던 주문을 되뇌며
무소의 뿔처럼 성큼성큼 나아가기만 했다

아직도 보이저 씨는
우주 어딘가를 뚜벅뚜벅 걷고 있다
너무 멀리 가버려서
이제는 아무도 보이저 씨를 놀릴 수도
그리워할 수도 없다는 걸
보이저 씨조차 모른 채 우주 밖의 지구를 향해
시원始原의 자궁을 향해
뚜벅뚜벅

* NASA에서 1977년 발사한 무인우주탐사선. 현재 태양계를 벗어나 성간 우주로 들어섰다.

** 김광석의 〈서른 즈음에〉 가사.

휴면기休眠期

환경 미화원이 도심 가로수에
잠복소潛伏所를 설치하고 있다
볏짚으로 만든 잠복소는 겨우내
오갈 데 없는 애벌레 불러모아
하루 6000원에 반 평짜리 희망을 임대한다
쪽방에 쪼그리고 누워
날마다 사랑의 집에서 배달된 도시락
관뚜껑처럼 밀어 올리는 애벌레는
욕창과 바퀴벌레까지 식솔로 딸린
4층 구석방의 고약한 침묵으로
다짐하듯 입가심을 한다
백내장 앓는 뿌연 창 밖으로
「연말연시는 가족과 함께」라는
플래카드가 떨켜처럼 모질고
소식 끊은 삼남매의 어릴 적 사진은
더 이상 광합성을 하지 않는다
봄꽃 피면

철거 용역반이 들이닥친다는 소식에
이미 마음의 짐 부려 놓은 잠복소의
애벌레는 뿌리로도 가닿지 못하고
꽃가지로도 가닿지 못한 불임의 시절
우두커니 바라보다 번데기처럼 갇힌다
그 모습 줄곧
곁눈질하던 휴면기의 가로수
보채는 꽃망울의 등을 토닥거리며
좀 더 자라고 아직은 깰 시간이 아니라고
조용히 뿌리의 방문을 닫는다

이듬해,
유난히 봄소식 늦다며
잠복소를 소각하던 환경 미화원
불꽃 속에서 호랑나비 한 마리
팔랑팔랑 날아오르는 광경에 눈을 비빈다
그때서야 비로소

참았던 숨 내쉬며
꽃망울 밀어 올리는 가로수의 눈동자가
겨우내 더욱 깊어진 것을 본다

입질

6개월 밖에 못산다는 선고도
지방병원이라 항소되었는지
중환자실에 있을 때보다 말쑥한 아버지
조석으로 낚싯대 들쳐 메고 부지런히
다니는 모습이 흡사 강태공이다
죽는다는 양반이 저리 멀쩡하게 돌아다니니
내가 웃어야 쓰것냐 울어야 쓰것냐
어머니는 꼬챙이로 두엄더미 푹푹 헤집는다
내시경으로 봤던 아버지 위 속에
지렁이가 살고 있었다니!
모름지기 잉어나 씨알 굵은 붕어가 올라와야
기를 쓰고 쏘다닐 게 아니냐잉
그 중 토실토실한 놈만 잡아 담으시는 어머니
아예 구렁이로 아버지 목숨대 끝에
악착같이 매달려
삶의 입질 기다리고 계시다

얘야
피라미는 입질이 있지만
대물은 없단다
찌를 볼 게 아니라 호수를 봐야지
아버지의 찌가 신들린 듯
흔들리고 있었지만 호수는 잔잔했다
기다려야지
기다려야지
아버지는 자주 빈 낚시 들어올렸다
미끼 바꿔 달고 낚싯대 휙휙 던질 때마다
점점 낯선 곳으로 추가 내려앉았다
가부좌 튼 찌가 지그시 눈감자
비로소 대물의 그림자가 어른거렸다
삶이 온통 요동치기 시작했다
입질이었다

얼마 후
아버지가 낚은 죽음으로 잔치를 벌였다

귀향

돌아오는 길은 언제나 불안했다
세상으로부터 단 한 톨의 희망조차 배급받지 못하고
빈 손 빈 가슴으로 돌아오는 길은 언제나 오르막이다
그 오르막 끄트머리에 꿇어앉은 집
늙은 아버지의 한숨소리가 빈 소주병처럼 널브러져 있고
오래 비어져 있던 누이의 방
너무 일찍 세상의 비린내를 맡았던 것일까
허물처럼 벗어놓은 너의 희디흰 교복만
그리움처럼 개어져 있는데
너는 어디서 무얼 하고 있느냐
대답 없는 안부가 심연 속으로 가라앉는다

늦은 밥상을 물리며 아버지가 내놓으신 새 학기 등록금
그 구겨진 만 원권 지폐 속으로 내 삶보다 무겁던
25mm 철근이 아버지의 어깨 위에서 휘청거리고
먼 서울의 사하라
내가 찾던 진실과 희망의 오아시스는

늘 신기루로 떠돌아 목마른 영혼
갈 길 모르는 순례자여
낙타 한 마리 없이 이 젊은 날의 미로를
빠져나갈 수 있을까

그날 밤,
늙은 낙타 한 마리와
내 누이를 닮은 아랍여인이 꿈속의 나를 이끌어
사하라를 지나
저 푸른 사랑의 바다 지중해로
한 걸음 한 걸음 인도하고 있었네

오동도

이혼 조정 위원회에서
우리에게 준 마지막 시간은
한 달, 그러나
아무 것도 달라질 것은 없었다

멀고 먼 옛날 오동도에 한 여인과 어부가 살았는데 도적떼에 쫓기던 여인이 벼랑 창파에 몸을 던져 정조를 지키고 이 사실을 뒤늦게 알고 돌아온 남편이 오동도 기슭에 정성껏 무덤을 지었는데 북풍한설이 내리는 그 해 겨울부터 하얀 눈이 쌓여 무덤가에 동백꽃이 피어나고 푸른 정절을 상징하는 신이대가 돋아났다는,

전설은 여기까지다
아내가 이혼의 벼랑으로 몸을 던져
지키고 싶은 건 무엇이었을까
누군들 시간의 도적떼를 피할 수 있으랴만
내 마음의 텅 빈 무덤가

난데없이 눈시울이 붉어진 동백꽃
해풍의 모진 음성에
툭, 툭 꽃대를 떨어뜨린다

잘가라, 아내여
공소시효가 다 된 사랑이여
뿌옇게 먼지 앉은 시침 같은 신이대
째각—째각 새로운 사랑을 찾아 돌아가는 소리
비로소 겨울 오동도에서 듣는다

형상기억합금

지난밤
내게 배정된 1092번 대리기사
작은 키에 검은 뿔테 안경을 쓴 내 연배의 남자였다
운전석에 앉은 남자는 숙련된 조교처럼
시트를 제 몸에 맞게 당기고
사이드미러와 백미러를 눈에 맞췄다
기어 움켜쥔 손등에 힘줄이 꿈틀거렸다
개장수 목줄에 묶인 똥개처럼 내 차는 완벽하게 제압되었다

점멸하는 밤거리를 달리는 동안
지갑에 대리비가 있는지 없는지
대이동에서 항구동까지 애매한 거리는
만원일까 만이천 원일까 궁상이나 떨면서
거만하게 팔짱 끼고 곁눈질이나 하면서
집으로 돌아왔다

그동안 차 키와 맞바꾼 만원처럼
대리기사는 까무룩 잊었다
다음날 운전석에 앉기 전까지는
그의 손길 그의 발자국 그의 눈빛 그의 숨소리 그의 체취
그의 자세로 그의 외롭고 캄캄한 귀로를 뒤따르기 전까지는

밤새도록 차는 그를 품고 있었다
사람이 헤아리지 못한 1092번을
지난밤
잠깐 만난 쇳덩어리가 온몸으로 기억하고 있었다

탠덤*

초음파에 찍힌 태아는 영락없이 자전거를 탄 자세다
먼 우주에서 아내의 자궁까지
자전거를 타고 온 것이 틀림없다
허방 천지 까마득한 시공을 달려오는 동안
삼신할미가 핸들을 잡고
뒷좌석에 앉은 아이는 힘차게 페달을 밟았을 것이다
별자리 체인이 우주 자전거, 탠덤의 바퀴를 돌리는 동안
창백한 푸른 점 어딘가에서
애타게 자전거 기다리는 부부를 발견한 것이다
깊고 아늑한 자궁 속으로 자전거가 점지 되던 밤,
아내는 처녀 시절 벚꽃 흐드러진 유원지에서
처음으로 탠덤에 올랐던 꿈을 꾸었다
누군가에게 오롯이 핸들을 맡긴다는 것
같은 방향을 향해 함께 페달 밟는다는 것이
사랑임을 서로가 어렴풋이 깨달았던 때였다

해와 달이 두 바퀴처럼 부지런히 굴러갔다

태아가 자라듯 자전거도 자랐다
타이어처럼 조금씩 부풀어 오르는 아내의 배를 쓰다듬으며
또 하나의 탠덤이 세상에 나와
누군가와 함께 차르르르 굴러갈 상상에 마냥 흐뭇한 것은
두 바퀴 위의 헛헛한 생이
도리어 잘 포개어진다는 걸 알기 때문이다

창밖으로 보름달이 굴러간다
굴렁굴렁,
뱃속에서 아이의 페달 밟는 연습이 한창이다

* 좌석이 앞뒤로 된 2인용 자전거.

갑 티슈

반듯한 책상 하나 얻기 위해
사는 거잖아요
그 위에
꽃무늬 갑 티슈 한 통 올려놓으려고
몸부림치는 거잖아요

갑에서
톡, 톡 뽑아 쓰면
폼 나잖아요
두루마리 걸어 놓은 삶이란
뻔하지 않나요
어디서 끊어야 할지 몰라
구질구질하잖아요

밥값도
명함도
모텔비도

갑에서 나오잖아요
튼튼한 갑 하나 얻기 위해
사는 거잖아요

안 그래요?

겨울역

小雪

언제부턴가 박씨가 보이지 않았다 고향이 태백이라며 배추농사 짓는 홀어머니 걱정에 자주 소주 나발을 불던 박씨

冬至

노숙에도 룰이 있다 따뜻한 바람 솔솔 나오는 역 대합실 화장실 주변 통로는 대빵들의 차지다 지하도 구석 자리는커녕 텃세에 밀려 수원역으로 쫓겨 내려간 노숙자는 그날 밤 한 번 더 서럽게 울었으리라

밤새 한파 몰아친 아침이면 대합실 의자에 웅크린 채로 지하도 구석에 엎드린 채로 가린스럽던 삶의 끈 붙잡고 복사꽃 흐드러진 고향집 사립문 활짝 열어젖히는 꿈 깰까봐 절대로 그들은 서로 먼저 깨우지 않는다 이따금 구급차가 와서 얼어 죽은 노숙자를 싣고 가는 날이면 기차는

연착하곤 했다

재활센터로 들어갔던 몇몇은 일주일 만에 돌아와 깡소주를 마셨다 지나가는 사람 붙잡고 구걸하거나 쓰레기통을 뒤지다가 철도 공안과 늘 실랑이가 벌어졌다

광장의 비둘기를 모두 잡아먹어야 이곳을 떠날 수 있으리라

大寒

용산역에서 전자상가로 가는 굴다리 앞에 노숙자들 긴 줄 서 있다 용산역 광장 무료급식이라고 쓴 1톤 탑차의 문이 열리자 구수한 된장국 냄새가 하느님보다 먼저 그들을 싸안는다

역전 시계탑 긴 시침이 막 정오를 알리는 순간 용산역 대합실에 말쑥한 박씨가 선물꾸러미를 들고 탑승구 전광판을 눈부신 듯 바라보고 있는 게 보였다

채권추심무늬나비

아랑은 죽어서 빚으로 남았다
그때부터 영남루 아랑각에는
채권추심무늬나비가 나타나 떠나지 않는다
빚으로 가득한 밀양의 거리를
소녀들이 애벌레처럼 지나간다
자라서 빚의 명함을 주고받으며
집단강간의 기억을 변제할 것이다
밀양에는 나비가 가득하다
채권추심무늬나비는 발명된 종種이다
앞으로 또 어떤 종이 나타나
빚의 역사를 빛낼 것인가
교회 첨탑에 대부업의 종소리가
시엠송처럼 울려 퍼진다
빚은 죽어서도 사라지지 않는다
한 여자가 신체 포기각서에 날인하며
인생을 연체시킨다
또 한 마리 채권추심무늬나비를 띄워 보낸

신의 얼굴에 호기심이 가득하다

산불

그는 망나니다 백발 성성한 노송의 머리채 싸잡아 넘어뜨리거나 산짐승의 보금자리 쑥대밭으로 만드는 일쯤은 심심풀이다 지난봄엔 고로쇠나무가 그토록 연모하던 산목련을 겁탈했다 하얗게 질린 얼굴이 더 예쁘더라며 이 산 저 산 떠벌리고 다니는 통에 산목련은 함박웃음 잃고 숨어 버렸다 그 후 지리산 어딘가에서 제 가슴에 눈물구멍 뚫어 흐느끼고 있는 이가 고로쇠나무를 닮았다고 한다

죽음만 무성하다 그가 지나간 자리는 집집마다 조등이 걸리고 문상객은 타닥타닥 쩍 이상한 곡소리를 낸다 그럴 때마다 상주는 한 줌 재로 남은 문상객 쓸어 담아 그가 지나간 길 위에 뿌린다 아무도 그가 어디서 왔는지 모른다 들리는 풍문으로는 바람이 키운 자식이라고 한다 보잘것없는 자신을 일으켜 세워 세상을 향한 분노와 광기를 가르쳐 준 바람을 그는 한없이 사랑하고 있다

제2부

샘터 만화방

샘터 만화방에 가면 그가 있다 후줄근한 샐러리맨 차림으로 귀갓길에 가끔 심심풀이 무협만화 보다 가던 그가 무슨 일인지 아예 샘터 만화방으로 출근하기 시작하면서 샘터 만화방 무협만화 주인공들 모두 긴장하기 시작했다 어쩌다 성인만화 속 젖이 큰 여자 다방 커피 싸들고 와선 온갖 요분질 해대도 그는 줄기차게 무협만화 속 주인공만 불러내선 무언가 끈질기게 물어보는 것이었다 그러던 어느 날이었다 샘터 만화방에 가도 그는 보이지 않고 애꿎은 무협만화 주인공들만 그에게 빌려준 쌍칼과 긴 창과 하늘과 바람과 대지의 정기 이어받은 보검 돌려받기 위해 하염없이 기다리고 있는 것이었다

풍문에 의하면
잇따른 부도 내몰리는 가장들로
강호는 어지러웠지만
그는 지금 희망이라는 고수를 찾아 떠도는 중이라고 한다

이글루

포스코 사거리 한 귀퉁이에 이글루가 들어섰다
북극곰의 어금니로 말뚝 박고
푸르뎅뎅한 얼음천막으로 서슬 퍼런 집
이마에 검은 띠 두른 에스키모인이
결가부좌로 들어앉아 있다
불의 경계 밖으로 쫓겨나면
누구나 날고기를 먹어야 하는 법
이따금 확성기에서
비정규직 철폐라는 낯선 날말들이
대낮 오로라로 펄럭거리다가 주저앉는다
이곳은 불의 나라
소리 없이 세상을 움직인다는 경고에
용광로의 교시를 받드는 곳
불씨를 가진 사제만이
수많은 목숨의 도가니마다
불 지필 수 있는 땅에
고드름처럼 거꾸로 매달려 있는

에스키모인이 천천히 녹기 시작한다
이글루 둘러싼
거대한 불의 바리케이드 틈으로
차가운 희망이 뚝뚝 떨어질 것이다
얼음불꽃으로 타올라 세상 덮힐 때까지

1인극 전성시대

그는 1인극의 원조다

혜화역 지하도 구석에서
신문지 몇 장으로 시작했던 그의 첫 데뷔무대는 성공적이었다
지하도 바닥에 엎드려 누운 그의 참신한 연기에
관객들은 시선을 떼지 못했다
무료공연이었지만 자발적으로 모인 성금은
다음 공연을 위해 유용하게 쓰였고
입소문을 탔는지 이따금 신문 경제면에
그의 파격적인 연기를 우려하는 기사가 실리기도 했다
사실 그는 극단 「가족」의 대표였다
건전한 가정극을 공연해오며
딸아이의 첫 생리를 축복하거나
결혼기념일을 꼬박꼬박 챙기는 가장 역을 오랫동안 했었지만
언제부턴가 그의 배역은 사라지기 시작했다

혜화역 지하도 구석에서
1인극을 시작한 건 그때부터였다

그의 1인극은 1인극 전성시대를 열었다
배역을 얻지 못한 수많은 연기자가 지하도로
역 광장으로 모여들었다
1인극을 통해 재기하겠다는 집념이
무서운 광기를 낳기도 했지만
구급차가 다녀간 밤이면 더 많은 관객이 들끓었다

그럴수록 소품으로 쓸 희망이 간절했으므로
거대해진 그들의 1인극은 오늘도 장기 공연 중이다

단풍나무

작업장을 폐쇄하면서
몇 군데 물들었던 단풍이 삽시간에 번져갔다
매서운 늦가을 서리가 공권력처럼 들이닥치자
울긋불긋 단풍이 장관이었다

핏빛으로 물든 단풍을 아름답다고 할 수 있는 건
그것과 상관없을 때 가능한 일이라고
결혼반지 팔아 밀린 관리비 치르고 나온
아내가 입술을 움직이지 않고 말했다

정리해고된 단풍잎이 우수수 떨어졌다
우듬지까지 올라가 최후까지 버텼던
마지막 잎사귀도 단지 떨어지는데
시간이 좀 더 걸렸을 뿐

덩그러니 장비만 남은 나무도
알고 보면

대지의 많고 많은
하청업체일 뿐

거기 뿌리가 있다고,
썩어!
대지의 본사까지 행진할 수 있다고,
누가 시키지 않았는데도!

어느새 단풍잎이
나무 아래 수북이 모여 있다

백기를 널다

꽃나무 아래 탄피가 수북하다
봄 한 철,
무차별 사격에도
게릴라들이 사는 아파트는 요지부동이다
벚꽃이 진 자리마다
융단폭격의 잔해가 끔찍하게 나뒹굴고
실성한 듯 끌려다니던 포로들의 아비규환을
게릴라들은 똑똑히 보았겠지만
그 어떤 봄의 심리전으로도
흔들리지 않는
요새

겹겹의 포위망쯤이야 우습다는 듯
생계를 위해 펼치는
게릴라들의 신출귀몰한 기습은 소탕이 불가능하다
전쟁 통에 부모를 잃어버린 소년병과
폐지를 모으며 정보를 수집하는 노병의 소대는

가장 극적인 전술을 구사한다
아군의 파출부로 청소부로 위장술이 능숙한
아줌마 소대는 그야말로 억척스러운 게릴라들,
휠체어에 앉아 부대를 지휘하는 작전장교의 치밀함은
골방에 틀어박혀 인형의 눈을 찾아 붙이는
집요한 훈련에서 나왔다는데
도무지 투항이라고는 모르는
게릴라들의 아파트도
장마의 연합전선에 보급로를 차단당하자
배수의 진을 친 듯 두문불출이다
단전 단수의 삐라는 이미 뿌려졌고
급기야 내분에 시달리는지 고함과
울음소리가 자주 감지되었다
그러던 어느 날이었다
게릴라들이 아파트 베란다에 백기를 내걸었다
드디어 항복이구나!
아군은 생각했지만 도대체

치욕스러워 보이지 않는 적군의 백기가 수상했다
눅눅하게 곰팡이 피던 백기를
베란다에 널어놓은 게릴라들에게
그것은 도리어 준엄한 선전포고라는 것을
다시 전열을 가다듬고 있다는 것을

기세가 꺾인
장마의 연합군이 맑은 하늘을 내어주던 오전
게릴라들의 아파트에는 전면전을
예고하는 꽃무늬 백기가 여기저기 널려 있었다

고독사

악취 나는 부고는 얼마나 호소력 짙은가 생면부지의 사람에게 받을 첫 조문의 설렘, 그는 분명 외마디 비명을 지르며 뛰쳐나가겠지만 금세 제복 차려입은 조문객의 종종걸음으로 아파트 복도는 부산해지리라 살아서 찍지 못한 영정은 비로소 찍으리라 플래시가 터질 때를 위해 미리 감은 눈은 얼마나 지혜로운가 기독채널에 맞춰놓은 텔레비전에선 끊임없이 찬송가가 울려 퍼지고 최후의 순간까지 납세의 의무 다했을 자동이체의 흔적이 내 유언을 대신하리라 알맞게 문드러졌을 살갗마다 들끓는 구더기로 염습 끝내고 콘크리트로 짠 아파트관 속에 누워 독야청청한 그루 오동나무를 생각하리라

분신화焚身花

광화문 사거리에 꽃이 피었다
뿌리는커녕 이파리도 없이 천상천하 유아독존
삼계개고 오당안지로 아스팔트 위에 핀 꽃,
3천 년에 한 번 꽃 피운다는
부처의 꽃 우담바라보다 귀한
분신화가 활활 피었다

터벅터벅 일곱 발자국 걸어 나오며
이글거리는 꽃잎의 사자후로
비, 정, 규, 직, 철, 폐
희망게 외치던
살아 있는 꽃

제 몸을 부싯돌 삼아
소신공양의 광합성을 꿈꾸다가
미륵세상 목 놓아 부르는
인간의 꽃으로

마침내 환생한 분신화여

그라목손 기예단

소주에 그라목손*을 부어 들이킨 박씨
일주일 남짓 위세척에 혈액 투석에 난리법석을 떨더니
결국 눈을 감았다
빗쟁이처럼 쪼그라드는 섬유종 때문에
산소마스크를 스스로 떼어내는
장엄한 퍼포먼스를 선보이며
저승으로 순회공연을 떠난 것이다
이름하여
순천향병원 농약전문병동 출신
그라목손 기예단!

매일 저승으로 원정응원가는
35인승 관광버스
바리바리 떠나는 걸 보면
이미 저 세상에서도
인기리에 공연 중이라는 말인데

이놈 저놈 별의 별놈 다 보신 염라대왕도
그라목손 기예단 출신은 유난히 아끼신다니
살아 보잘것없던 농군을
죽어 신명 나는 상팔자로 고쳐 준
그라목손 기예단!

* 녹색 악마라고 불리는 독성이 강한 제초제.

과수나무 통신

세상 참 오래 살고 볼 일입니다
대천리 과수나무로 살아온지
수십 년이나 되었지만
마을 앞 대형버스
대천리 어르신들 단체로
원가계도 아니고 장가계도 아니고
청도 경찰서 수사계로 관광 가는데
관광버스 속으로 주렁주렁 딸려 들어가는
어르신들 바라보고 있자니
말로만 듣던 사람 잡는 과수나무
있기는 있는가 봅니다
농사꾼은 죽어도 종자는 베고 죽는다고
무슨 열매 과순가 싶어 덜컥
받아 심은 것이었겠지만 한평생
과수농사로 살아온 깜냥에도
날벼락 같은 신품종 선거사범
줄줄이 열릴 줄은 꿈에도 몰랐겠지요

버스가 떠나자
수군거리는 과수나무들
한눈 팔아 서운해도 해거리는 안 된다며
학연혈연지연 없어도
긴 세월 더불어 살아온 인연으로
텅 빈 대천리 꿋꿋하게 지키고 섰습니다

말벌집이 있던 자리

망루에 말벌이 산다는 소문이 나돌았다

망루의 내부는 건드리기만 하면 터뜨려버리겠다는
세상을 향한 적의로 팽팽하게 부풀어 올랐다
갈 곳 없는 철거민들이 끝내
망루로 올라가 말벌이 되었다는 제보가 있었지만
도심 한가운데 거대한 말벌집이 있다는
헤드라인만 괴담처럼 떠돌아다녔다
말벌집 제거작전이 개시되었다
무장한 제거반이 컨테이너에 실려
망루 가까이 다가가자 화염이 솟구쳐 오르고
순식간에 말벌집은 불바다가 되었다
폴리스라인 밖에서 가족들이 비명을 지르며
하나 둘 쓰러져 갔다
마침내 공개된 망루의 내부는
쇠못으로 긁어 쓴 글씨와 반쯤 타다 남은 가족사진이
밀랍처럼 끈적끈적하게 흘러내리고 있었다

진압완료 사인을 보내려던 제거반의 무선으로
난데없이 벌떼 소리가 울려 퍼졌다
그들에게 망루란 최후의 여왕벌을 모신 곳이었다는 걸
수많은 애벌레가 희망의 후보가 되기 위해
벌떼처럼 모여드는 단상이라는 걸 제거반은 미처 알지 못했다

말벌집이 있던 자리로 속속 사람의 애벌레가 들어서고 있었다

영계백숙

요절한 친구가 있었다

닦고 입히고
염포로 묶으려는데
도무지
팔이 펴지지 않았다

하는 수없이
엇갈리게 묶어
불알 위에 고정시켰다

화장터 굴뚝으로
밥 짓는 연기가
모락모락 피어올랐다

영계백숙을 먹을 때마다
자꾸

친구가 익사한 채 떠올랐다

유난히
영계백숙이 팔리던 시절이었다

어떤 출항기

익사한 이력서들이 둥둥 떠다녔다
삶은 고해라는데
든든한 배 한 척 잡아타지 못한 알몸들은
도시의 밑바닥까지 가라앉아
고둥의 비틀린 껍데기 뒤집어쓰고 꺼이꺼이 울었다
승선의 꿈으로 찬란하던 노량진의 밤은
치어 떼처럼 몰려드는 고만고만한 목숨들의
아귀다툼으로 시퍼렇게 멍들어 갔다

유령선이 출몰하는 흉흉한 시절
고향 집 포구에서
우렁찬 기적 소리 울리고 싶었다던 불알친구가
뜬금없이 출항을 준비 중이다
혈혈단신 먼 바다로 나간다는데
곡소리로 기운 그물 싣고
조등 밝힌 뱃머리가 참 밝았다

환송회가 끝나고
철커덕, 문이 닫혔다
쿠웅 쿠웅
엔진 돌아가는 소리
검은 연기 내뿜으며
제 몸뚱어리 한 척으로 출항하는
거대한 저 세상의 배가
막 구룡포 화장터를 떠나고 있었다

공포 영화

절단된 넓적다리처럼
송신탑이 서 있는 산등성 아래
붉은 슬레이트로 지붕 얹은 축사가
마을을 포위하고 있다
개조심과 개울음을 기르지만
개는 살지 않는 곳,
끈 없는 군화가 소각장을 오가며
살코기와 개울음을 분리하는 동안
못자리 깊숙이 푸른 송곳을 박으며
쌀포대와 빚더미를 솎아내지 못한 농부가
살기 어린 눈으로 축사를 바라본다
밭두둑에서 반생을 잃어버린
늙은 여자의 가랑이 사이로
악다구니 피어오르는 봄꽃들
벚나무 집 평상에 앉아
언제나 아름답게 이야기하는 버릇을 가진
감독들이 개불알을 쪽쪽 빨 때

적막한 소음으로 가득 찬 마을은 크랭크인된다
멀리 동남아에서 온 조연들까지 가세한
이 기막힌 시나리오도 어딘가 기시감이 든다
완벽한 세트장으로 남은 고향의 봄,
소품으로 쓸 농약을 창고에 가득 쌓아두고
숫돌로 농기구 벼리는 동안
붉은 슬레이트로 지붕 얹은 축사에서
개울음이 배경음악으로 깔린다
오 아무개(72, 어부)*를 닮은 농부들이
저벅저벅 논두렁으로 들어선다

* 보성 연쇄살인사건 피고인.

너무 오래된 (　　)

— 괄호 안에 들어갈 낱말은?

미국제 소가죽으로 만들었다는 (　　) 태평양 고래 힘줄보다 질긴 (　　) M-16 아니면 시레이션으로 무두질한 (　　) 곰팡이 슬고 악취 나는 (　　) 아홉 살 미진이 자궁 찢어지던 (　　) 한강 독극물 방류사건 앨버트 맥팔랜드 뻔뻔하게 앉아있는 (　　) 장갑차 아래 질질질 깔려 죽은 미선이 효순이 여리디여린 살점들 내장들 아직 거덕거덕 묻어있는 (　　) 핏물들 점점점 젖어 들어가는 (　　) 우리들의 부끄러운 괄호 속에 너무 오래된 (　　)

제3부

초원여관

초원여관의 영업 컨셉은 아프리카다
아프리카의 광활한 초원을 느낄 수 있도록
실내장식을 했다고 주인은 자랑한다
벽에 걸어둔 박제된 사자 머리는
조루환자를 애인으로 둔 여자들에게 인기다
절정의 순간에 사자 머리를 바라보며
남자들은 풀죽은 본능을 일으켜 세운다
얼룩말무늬 커튼은 바람이 불 때마다
말발굽 소리를 내며 줄행랑을 친다
젊은 여자들이 타잔을 그리워하는 건
삼각팬티를 입었기 때문이다
아— 아— 아
초원여관에는
늘 타잔 부르는 소리가 울려 퍼진다
매일 밤 젊은 여자들은
타잔을 부르며 초원여관에서 운다

골목榾木

요양병원 319호 노인은 제 몸에 홀씨를 키운다
이태 전 소인이 찍힌 편지 한 통에
깨알처럼 배양된 종균을
노인은 악착같이 긁어모았다
곧 찾아뵐게요 아니다 바쁠 텐데 뭘
고약 바르듯 노인은 제 숨구멍에
종균을 그득 메웠지만
아무도 찾아오지 않는 병실에서
홀씨가 노인의 몸을 뜯어먹으며 자랐다

어느 날인가
온몸에 키미테 붙인 노인이
바깥바람을 쐬고 싶다고 말했다
휠체어로 옮겨 앉히던 간병인은
노인의 몸이 너무 가볍다는 걸 알았다
활착된 종균이 부풀어 올라
노인의 몸은 몰라보게 헐거워졌다

산책로에서

노인의 휠체어가 조금씩 떠오르기 시작한다

근위축증 앓던 참나무 토막이

하나 둘 공중으로 떠오른다

편모 활짝 펼친

거대한 검버섯이 하늘을 날아오르고 있다

분양

고작
사과나무 한 그루 분양받으러 가는 길인데도
달뜬 아내는 차창 열어 산골바람에 야윈 손을 씻는다
개염 한 번 부려 본 적 없는 손은
잠자리 날개가 되는가
손금 통과한 겹겹의 시간이
뒷거울에 주근깨 많은 민낯을 들킨다
달방 살던 옥토끼는
살림살이가 좀 나아졌을까요?
뜬금없이 더부살이 시절 떠오르는지
아내의 눈동자가 보름달처럼 부풀어 올라
달빛 분양받은 착한 사람들이
다닥다닥 살아가는 달동네를 재생한다
연탄 한 장에 세든 수많은 연통처럼
아랫목에 세든 따뜻한 밥 한 그릇처럼
세 든 것들의 마음 다시 세 놓아주느라
아내는 그렇게 일찍 자신을 세상에 세놓은 것일까?

분양이라는 말만 들어도 가슴 설렌다는 아내여

두멧길 돌아 고개 올라서자
가지마다 주렁주렁
열매가 세들 둥근 방 매달고 있는
오롯한 사과나무 집 한 채가
아내의 중개를 기다리며
저 멀리 우뚝 서 있다

내 청춘의 거제에는 아직도 돌아오지 못한 포로가 있지*

수용소에 홀로 남은 남자
매일 밤 몽돌처럼
엎드려 우는 남자
이미 사랑은 끝났지만
송환을 거부하는 남자
전향은 꿈도 꾸지 않는 남자
거제의 그제를
온몸으로 붙들고 있는 남자
도장포 바람 끝자락을
정표처럼 간직한 남자

내 청춘의 거제에서 아직도 돌아오지 못한
가엾은 남자

* 박정대 시인의 시 「음악들」

목신제

— 정이품송에게

아마존 강 동북부 밀림에 아와족은 벌목업자의 위협에 시달리다 깊은 밀림 속으로 사라졌습니다 그들이 다시 발견된다면 그곳은 아마존 최후의 원시림이겠지요 그때 우리는 의지할 곳 없는 인간의 허탈한 얼굴을 보겠지요 뭉크의 절규는 나무가 한 그루도 없기 때문이지요 발목만 남은 나무의 고향을 상상해봤나요 거기 깃들었던 목신의 얼굴을 어떻게 바라볼 수 있나요 세상 나무란 나무의 뿌리는 모두 연결되어 있으니 당신이 그제 놓아버린 가지는 먼 부음에 놀라 떨어뜨린 심장이 아닐런지요 사실 나무(木)란 수(十) 많은 인(人)간이 깃들어 사는 곳, 한 나무가 쓰러질 때마다 얼마나 많은 목숨이 함께 무너지는지 당신은 똑똑히 보아 왔겠지요 오늘 여기에 엎드린 나무의 후레자식들이 부은 막걸리가 당신의 뿌리를 타고 아마존으로 아프리카로 내몽골로 흘러들어 가 부디 목신의 노여움을 풀게 하기를 정수리마다 나이테 아로새긴 나무의 후손들을 굽어살피기를 목신이여 세상의 나무여

혼인 비행

함진아비가 들어왔던 날처럼 돌풍이 불었다
우우웅 우우웅 결혼 행진곡이 울려 퍼지자
눈매가 매서운 신랑은 늠름하게 공중으로 입장했다
나무는 마지막까지 붙잡고 있던
딸의 손 놓으며 가만히
초겨울의 주례사에 귀를 기울였다

이제 둘이 아니요 한몸이니
하나님이 짝지어 주신 것을
사람이 나누지 못*한다는 말씀에
숨죽인 하객들이 고개를 끄덕거리며
이미 한 몸 되어 소용돌이치고 있는
바람과 낙엽의 혼인 비행을 축복했다

눈꽃 흩뿌리는 얼음융단 향해
힘찬 발걸음 내딛는 사랑하는 딸아,
바람과 함께 네가 가 덮고 보듬을 후미진 구석마다

새로운 생명의 씨앗이 잉태하는
꽃피는 봄날을 위해
이토록 아름다운 혼인 비행을 하는구나
부디 세상의 거름이 되어라

나무는 멀어져 가는 낙엽의 뒷모습 바라보며
다 하지 못한 말들을 성호로 긋고 있었다

* 마태복음 19:4-6

목련에게 묻다

얼마나 기다려야 하는가
얼마나 더 오래 기다려야 하는가
목련에게 묻는다
봄의 성화여
저 타오르는 순백색 불꽃이여
어떤 기다림의 자세여야 하는가
어떤 기다림의 자세로 겨우내 기도했는가
말갈기처럼 흩날리던 눈보라
휘몰아치던 서릿바람
그 혹독한 모멸과 배신의 계절을
너의 믿음은 따뜻한 수액으로 살아 흐르고 있었는가
얼어붙은 기다림의 왼손을
따뜻한 희망의 오른손이 잡아주었는가

봄 햇살,
수만 개 바늘로
꽃 한 송이 피우지 못한 나를 찌르는데

다시 목련에게 묻는다

얼마나 기다려야 하는가

어떤 기다림의 자세여야 하는가

외계인들

불시착하였을 것이다 저 외계인들
아주 오래전에
지구별로 뚝 떨어졌을 것이다
그때 타고 온 우주선은
대지 깊숙이 파묻혀
흔적도 없이 사라졌을 것이다
한 번도 벗어 본 적 없는 우주복은
닳고 닳아 지금까지 왔을 것이다
우주선을 되찾기 위해
자기네 별에서 가져온 최첨단 장비로
황무지를 일구고
먼 우주로 푸른 신호를 보내기 위해
갖은 씨앗을 뿌렸을 것이다 저 외계인들
그러다 그만
지구별에 혹했던 것이다
녹색이
우주 최고의 문명이라는 것을

우주의 마지막 비밀이라는 것을
깨달았던 것이다
저 들판에 농부들 아니
외계인들
가르쳐 주고 싶었던 것이다
자기네 별로 돌아가지 않고
여태 남아 있는 것을 보면

불꽃 디자이너

불꽃 쇼가 시작되고 첫 번째 폭죽 터지는 순간 자궁 빠져나올 때 보았던 불꽃 기억하느냐며 희나리 같은 남자가 물었다 수시로 내 머리 위에서 우윳빛 불씨 사정하던 땔나무가 아버지의 것이었다면 아궁이 속에서 완전히 연소해버린 나는 한 덩이 숯이다 밥상 뒤엎을 때마다 튀어 오르던 스파크가 엄마의 머리채로 옮겨붙었던 불꽃 쇼는 불행하게도 관객이 없었다 세상의 모든 화약은 아버지가 가지고 있다는 걸 그때 알았다 번갯불처럼 강렬할 줄 알았던 꽃잠이 불량품 폭죽처럼 피씩 바람 꺼지는 소리 내며 밤바다로 사라지던 무렵, 스무 살이었다 불쏘시개로 마구 내몰리던 시절 누군가는 제 몸에 불씨 그어 한 줄기 불꽃으로 생을 마쳤고 대개는 고시원으로 고향으로 위태로운 불씨 옮겨 연명하고 있었다 이따금 광장으로 몰려나온 수많은 촛불이 피었다 지고 사람의 망루에서 칼춤을 추던 불꽃 오랫동안 바라보았다 뱀눈을 한 불꽃의 사제가 대지 깊숙이 화약 박아 넣으며 단군 이래 최대의 불꽃 쇼를 장담하는 동안 나는 자궁 빠져나오며 보았던 불꽃에 대해서

만 생각했다 사실 한 덩이 숯으로 태어나기 위해 얼마나 많은 것들이 내 밑에서 지펴져야 했던가 제 안에 이미 한가득 모아놓은 생의 축포들 밤하늘에 부릅뜬 저 불꽃의 눈동자에 남김없이 들키는 순간 아, 목숨이란 자궁에서 쏘아 올려진 폭죽이라는 걸 고개 숙일 때마다 어김없이 보이던 불꽃의 추진력으로 가장 높은 곳에서 가장 아름다운 폭발을 위하여 아직도 날아오르는 수천수만의 불꽃 디자이너들 뇌관 젖힌 제 불꽃을 찾아 밤하늘을 올려다보고 있다

토픽

마을 뒷산
토굴에 살던
노인이 어젯밤 트럭에 치였다
머리통이 차바퀴에 깔려
뇌수가 철철 흐른 채로
다음 날 발견되었다
노인을 거두어 갈 가족은 어디에도 없었으므로
도로 위에 방치된 채로
며칠이 지났다
터진 내장과 선명한 핏물 위로
아이들을 태운 통학버스가
매일 아침 오갔다
까마귀가 날아와 뜯어 먹은 살점보다
차바퀴에 붙어 사라진 살점이 더 많았다
노인의 피와 살점과 내장과 뇌수는
살아생전 가보지 못한
전국의 관광지를 부지런히 돌아다녔다

죽어서 누린 호사라고
토픽에 오를 정도였지만
그 어떤 신문에서도
가엾게 죽은
짐승의 이름만 가득할 뿐
노인의 이름은 어디에서도 찾아볼 수 없었다

지하 주차장

저 컴컴한 입속으로
쉴 새 없이 들락날락하는 머리통을
태국 타이거주 동물원에서 본 적이 있다
하루에 일곱 번
쩍 벌린 악어 입속으로 머리 집어넣는 깡마른 사육사의
머리통이 혓바닥 위에 가지런히 놓일 때
숨죽인 관객들의 머리통은
시동이 꺼진다
한 번도 닫힌 적 없는 저 거대한 입속으로
줄지어 들어갔다 줄지어 나오는 머리통의 행렬
혓바닥 위에 누워
악어 입천장 바라보며 사육사는
책상 위에 두고 온 결재판과 밀린 공과금
보내지 못한 서류봉투를 생각하고 있을 것이다
가끔 살아 올라오지 못한 머리통이 사이렌처럼
굴러다니는 소리를 듣는다
닫히는 순간은 CCTV 어디에도 없다

그런 밤일수록
머리통들의 눈빛은 상향등처럼 위태롭다
저 오래된 입속에서
이 새로운 머리통들은
가지런히 혓바닥 위에 주차하는 법을 배운다
면허증이란 그런 것이다

퇴근 무렵,
머리통이 잘려나간 그림자들이
층층의 어금니를 밟으며
줄지어 입속을 빠져나온다

우라늄 235

일상에서
꿈에서 무의식에서
우라늄 235를 추출하는 일은
얼마나 어려운가
추출한 우라늄 235를
고순도로 농축하는 일은
또 얼마나 아득한가
인생을 볼모로 언젠가
터뜨려 보고 싶은 핵폭탄의 시여
일상에서
꿈에서 무의식에서
날마다 우라늄 235를 찾아 헤매는
가엾은 약소시인이여

제4부

시취屍臭 톡톡

아파트 어딘가 방향제가 꼽혔다 120회 이상 사용할 수 있는 향기 톡톡 모델 라벤더향 천연방향제 하마배꼽을 눌러주세요 불쾌한 냄새는 없애주고 은은한 향만 남는다는데 아파트 어딘가 시취 톡톡이 꼽혔다 교체용 없는 인간 방향제 시체 배꼽 눌러주지 않아도 온도와 습도에 따라 온몸으로 뿜어대는 대자연의 향기 시취 톡톡 모델, 꼽은 지 석 달이 지나도록 아파트 어딘가 방향제로 꼽혀 지독한 제 생을 정화 중이다

젠가*

아버지, 아버지 차례에요
이제 그만 할아버지를 빼버리세요
나도 그러고 싶지만
할아버지를 짓누르고 있는 저것 때문에 꿈쩍도 않는구나
증조할아버진가요 고조할아버진가요
그것도 아니면 족보에나 기록된 먼 조상인가요
글쎄다, 딱딱하게 굳어버린 송장 같은 게
날 꽉 붙들고 있구나
마치 한몸인 것처럼 떨어질 줄을 모르는구나
얘야, 이 얽히고설킨 조각을 네가 빼다오
가계가 쓰러지지 않도록 조심조심 빼내 다오
아버지, 한 생에 한 개씩이에요
절대로 규칙을 어길 순 없어요
아버지가 직접 저 조각을 빼내야 해요
뼈와 살을 깎아내는 한이 있어도
그건 오롯이 아버지의 몫이에요
저 또한 제 차례가 되면

핏빛으로 눌어붙은
아버지와 어머니와 아내와 자식의 조각을
메스와 핀셋으로 갈기갈기 찢어내야 해요
아버지, 아버지 차례에요
이제 그만
도망간 할머니는 빼 던져 버리세요

* 직육면체의 조각들을 쌓아 만든 타워에서 무너지지 않도록 주의하며 한 손으로 한 조각을 빼며, 맨 위에 다시 쌓아올리는 동작을 교대로 행하는 테이블 게임. 스와힐리어로 '쌓아올리다' 라는 뜻.

밥그릇

꼬막 부려놓고
어머니는 바가지에 물을 담아
뻘배에 묻은 개흙을 씻어낸다

내일 또 끌고 나갈 텐데
뭐 하러 씻고 그래요?

이놈아!
이게 뻘배로 보이냐?
너희 삼 형제 먹여 살린
밥그릇이여, 밥그릇!

밥그릇 잘 씻어놔야
푸지게 담을 거 아니냐

우수아이아

세상의 끝, 우수아이아*에서 쓴 엽서는 모두 젖는다
우수에 젖은 필기체는 마스카라처럼 번져
당신의 눈물 속에서 겨우 해독될 것이다
가끔씩 빙하의 소인이 지워질 때가 있다
수취인불명도 너무 외로운 상대는 아니다
우수아이아에서 당신과
수취인불명 사이의 좌표는 늘 젖어 있거나 번져 있다
한강에서 비글해협까지 새파랗게 젖어 있는 부유의 거리
부레를 찾아
세상의 끝,
우수아이아까지 왔다고 쓴 엽서는
모두 젖는다

* 세계 최남단의 항구도시

중심

다리 한쪽이 부러진
나무의자 하나
쓰레기장 구석에 기우뚱 서 있다

흔들리지 않고
소리 내지 않고
바르게만 살아온
나무의자

단 한 번
중심을 놓치고 넘어지자
구석으로 오게 되었다

남은 다리로 뒤뚱뒤뚱
제 스스로는
처음 잡아보는 아슬아슬한
중심

하늘 한 귀퉁이가
비스듬히 내려와
나무의자에 기댄다

세상에 없던
중심이
우뚝 서 있다

기청산 식물원에서

관람객 한 무리가 식물원 입구로 들어섭니다 어슬렁어슬렁, 매표소에서 식권 받듯 입장권 끊습니다 이팝나무 닮은 가이드 따라 축축한 흙길로 들어서는데 발가락이 수상합니다 발정 난 암캐처럼 자꾸만 흘립니다 젖은 밑창이 끈적끈적합니다 아스팔트 위에서 콘크리트 속에서 불임의 악몽은 드라마처럼 내내 연장되고 잔인하게 찍히던 동물의 발자국, 양치식물원 지나 자생화원 이르러서 사라지더니 발바닥에서 쏟아져 나온 실핏줄, 수혈하듯 저마다 꽃나무 찾아 꿈틀꿈틀 기어들어갑니다 당신의 꽃나무는 무엇입니까, 흰 쌀밥 같은 식물원 가이드의 보시가 전생의 기억을 꽃피우게 합니다 어슬렁어슬렁, 사냥하듯 걸어들어왔던 관람객이 푸른 잔상으로 기화하여 참느릅나무 위를 날아가는 오디새의 꽁무니에서 흩어집니다 여기 우울증 앓는 물푸레나무를 물푸레나무가 바라봅니다 정리해고된 모감주나무를 모감주나무가 바라봅니다 입시한파로 오갈 든 참나리가 참나리를 바라봅니다 있는 그대로 서로 바라보니 그제야 광합성이 되는 사랑의 비밀, 향기

향수원 지나 용연지 돌아 나오는 길 뒤돌아보니 이팝나무
따라 꽃나무 한 무리가 삼보일배하듯 서 있습니다

세오녀가 연오랑을

일월지日月池를 기억하나요
얼룩무늬 당신이 일병이었을 때
첫 면회 갔던 곳
연꽃 만발하던 일월교에서
화랑처럼 달려나오던
당신의 팔각모 부신 듯 바라보며
어쩌면 그때
저 팔각 안에서 꽃잠을 자겠구나!
덜컥, 마음의 저고리
풀어 버렸는지도 모르지요
늘 당신 이름 앞에
포항시남구오천읍일월동*, 이라는
열한 글자 형용사를 붙이다
그때서야 그 뜻이
사랑하는 당신…… 이었다는 것을
알았지요
모르다 뒤늦게 아는 것이

대부분 사랑이라는 걸
일월동 일월지 일월교 위에서
세오녀가 연오랑 찾아
그 먼 길 간 찰나의 뜻을
기어이
알아버렸지요

* 해병 1사단 우편 주소.

포항 팔경

임곡 청룡회관에서 내려다보는
저물녘의 빠져 죽고 싶은 영일만이 일경이라면
호미곶 큰 손 너머로 이글거리는
정월 이튿날의 적막한 일출은 이경입니다
대보면 구만리 청보리밭 위에서
숨바꼭질하는 푸른 바람의 아이들이 삼경이라면
자정 무렵 송도해수욕장 실비상회에 앉아
바라보는 제철소 야경이 사경입니다
개풍약국 지나 어시장까지
거대한 체험 뮤지컬 〈죽도시장〉이 오경이라면
홍해興海, 청하淸河, 송라松蘿
그 곱디고운 이름 따라 얽히고설킨
옛이야기가 육경입니다
녹음 뒤끓는 한여름의 보경사와
늦가을, 한 마리 단풍물고기로 환생하는
오어사가 칠경이라면
언젠가

당신이 와서 명명할
미지의 포항 어딘가
오롯이 기다리고 있을
생물의 풍경,
그곳이 바로
팔경입니다

내 가슴 속에서도

빽빽하게 웃자란
모 사이 오가며
농부가 물풀 훑고 있다

한 모도 밟거나
쓰러뜨리는 일 없다

내 가슴 속에서도
저리 다니셨는가,

아버지!

사라

모든 이야기는 사라로부터 시작된다
사라는 아브라함의 아내 이삭의 어머니가 아니라
부친을 홀린 팜므파탈이었다
부친은 그녀를 따라 영일만으로 뛰어들었다
50년이나 지났지만 늙은 일소는 그때를 똑똑히 기억한다
쑥대밭이 된 추석, 시신은 한 달 만에 해파리처럼 떠올랐다
막 뿔이 난 송아지는
난생 첫 부역으로 부친을 선산까지 실어 날랐다
도중에 제기 하나가 떨어져 산산조각 났을 때
그것이 복선인 줄은 미처 몰랐다
소설 무렵,
어미는 어린 누이를 데리고 개가 했다
숙부가 찾아와 버려진 송아지 거두었지만
한동안 실어증 앓는 바람에
통곡 한번 시원하게 내지르지 못하고
겨우,

살았다
그을린 아궁이 속으로 들어가지 못한 것은 막혀 있었기 때문이다
쇠죽이 끓고 교복이 끓고 엄마가 끓고 사라가 끓는 동안
엇송아지는 부림소가 되었다
속초에서 고깃배 끌다가 태백에서 석탄을 나르기도 했다
그사이 착한 암소를 들여 단칸방에 살림 꾸렸으나
뱃속에 새끼가 들었을 때 무슨 일인지 빈털터리가 되었다
연탄공장에서 십수 년 재기를 꿈꾸었지만
언제부턴가 왼쪽 귀가 들리지 않았다
수신호 자주 놓쳤던 부림소는 결국 공사판 전전하며
그저,
살았다
새끼 세 마리를 키웠는데 그중에 글쟁이가 된 큰놈이
환갑을 맞아 시 한 편을 써왔다
제목이 사라였다

늙은 부림소는
껄껄 한번 웃고 말더니 조용히 돌아누워 잠을 청했다
곁에서 늙은 사라가 어깨를 다독이며 읊조렸다
잘 자라 우리 송아지
잘 자라 우리 송아지

조서弔書

검사관은 혀를 내두르며 부검 결과를 내밀었다

· 외부적 압박에 의한 장기출혈 및 뇌출혈

· 관상동맥 경화 및 협착

· 흉부 자창에 의한 혈액량 감소성 쇼크

· 알코올성 간 기능 부전증

· 1번 목뼈, 오른쪽 갈비뼈 6개, 왼쪽 갈비뼈 8개 골절

도대체 무슨 일이 있었던 걸까요?
형사가 고개를 갸웃거리며 물었다
한 인간이 이만큼의 사인을 가졌다는 게
놀랍습니다
견디기 어려웠을 텐데요?
참혹한 일이죠

추억으로부터 돌아온 형사가 조서를 꾸민다

다행히 급소는 피했지만 내 뱃속으로 밀려들어 온 칼끝 질질질 휘감기던 내장에서 툭, 눈물이 붉게 쏟아져 나왔을 때 마찬가지로 그녀의 심장을 뚫고 들어간 내 창살이 비린내 나는 추억들의 크고 작은 숨통을 억, 억 끊어놓았을 때

그래도 우리는 사랑했으므로 신고하지 않았다 내내 칼끝에 흐르던 핏물이 자주 장미로 피어올라 우리가 찌르고 후벼내었던 사랑이 가끔은 몸서리치도록 아름다운 것처럼 보였으므로

수목장림에서

수목장이
수묵장水墨葬처럼 보일 때가 있다
할아버지 나무를 신기한 듯 우러러보고 있는
손녀 위해 아버지가 손수
떡갈나무 그늘을 그려 놓았으리라는
아름다운 착각이 들 때가 있다
죽음도 위대한 유산이 되는 수목장림에서
삼라만상,
영혼이 깃든 나무처럼 오롯한 것이 또 있을까
영혼의 숲처럼
스스로 온전한 것이 다시 있을까
세상 구하고 싶으면 나무 심으라고 했던
아버지 말씀이 열매가 되어
늦가을, 도토리로 툭툭 떨어지는데
어디선가 스륵스륵 청설모 한 마리 다가와
귀한 보물 가슴으로 받아 안는다
떡갈나무가 매단 할아버지 명찰을

유심히 바라보던 딸아이가
나무가 할아버지가 된 거야?
할아버지가 나무가 된 거야?
동자승처럼 묻는다
때마침 여백처럼 불어오는 바람결에
수런거리는 영혼의 숲,
서로가 서로에게 번져 한 몸 이룬
사랑의 비밀을
배경으로 숨겨 놓은 거대한 수묵화 한 점,
선문답처럼 펼쳐 놓는다

아버지 반죽

나는 일찌감치 아버지 반죽으로 자랐다
무쇠팔 무쇠다리 아버지 반죽만 있으면
세상에 두려울 게 없었다
순전히 아버지 반죽으로 빵 굽고 학용품 찍고
아름다운 꿈을 빚었지만
머리 굵어질수록
빵이니 학용품이니 꿈 따위는 시시해졌다
누구나 함부로 가질 수 없는 위대한 반죽이
세상에 있다는 걸 알게 된 후부터
그것을 찾아 밖으로
밖으로 떠돌아다녔지만 온통 허방다리였다
그럴수록 말랑말랑한 아버지 반죽을 부끄러워하며
그 치욕스러운 무형의 반죽으로부터 멀리
멀리 도망쳐 나왔다
더 크고 더 단단한 반죽을 찾아내어
세상 주무르고 싶었지만
세상은 이미 딱딱하게 굳은 정형들로 가득 찬

피도 눈물도 없는 오후 네 시의 궁전*이었다
그때야 비로소
내가 그토록 찾아 헤매던 위대한 반죽이
정형 이전의 모든 것,
세상 무엇이든 만들어 낼 수 있었던
말랑말랑한 아버지 반죽이었다는 것을
알게 되었던 것이다

* 자코메티의 작품

못물

못물 앞에 서면 얼굴이 화끈거린다

늘 말라있는 애인의 그곳은
낙타나 들어가라지

애액으로 출렁거리는
못물,

곧 모내기다

못물에 닿자마자 쑥쑥 발기하는
젊은 모를
실컷 보겠다

해설

진실과 희망의 오아시스를 찾아가는 사람들에 관한 이야기

이승하(시인 · 중앙대 교수)

민중문학의 시대는 가버렸는가? 4 · 19혁명 이후 참여문학론과 시민문학론의 열띤 논쟁이 있었다. 조국 근대화를 위해 '자유'와 '민주'를 담보로 요구하던 제3공화국의 '유신 시대'가 사람들의 영혼을 옥죌 때, 김지하는 감옥에서 이 땅의 전통사상에 관한 책들을 읽으며 시름을 달랬다. 이 시절에, 그리고 '광주민주화운동' 이후에, 창작과비평사와 실천문학사, 풀빛 등에서 시집이 봇물 터지듯 나왔다. (앞의 두 출판사는 등록취소가 된 적도 있었지만.) 고은, 신경림, 김지하, 김남주, 조태일, 하종오, 정희성…….

1980년대는 이른바 민중문학의 전성기였고, 90년대까지 이어졌다. 필명부터가 무시무시한 박노해와 백무산, 일용직 노동자들 혹은 잡역부들의 아픔을 핍진하게 묘사한 무학에 가까웠던 김신용과 유용주, 농촌의 슬픈 현실을 직시한 김용택과 고재종, 전교조의 아픔을 노래한 김진경과 도종환……. 이들은 2013년 지금 어떤 시를 쓰고 있는가?

한때 민중문학을 견인했던 두 계간지 《창작과 비평》과 《실천문학》을 보라. 2000년대 이후에는 민중의 아픔을 보듬는 시가 좀처럼 보이지 않는다. '그런 것은 이제는 한물간 시' 이기 때문일까? 우리나라는 어느새 복지국가가 되어 있고, 분배는 잘 이루어지고 있고, 도덕과 양심이 지배하는 정직한 사회가 되었기 때문일까? 아마도 그렇게 생각하는 사람은 열에 하나도 안 될 것이다. 사회비판적인 시나 현실풍자시는 인천에서 나오는 《작가들》이나 포항에서 나오는 《포항문학》을 살펴보아야 읽을 수 있다. 아니면 《창작21》《시에》《시와 문화》 같은 문예지를 봐야 한다.

국내 시인 중에 타인의 아픔에 대해 남달리 관심을 갖고 그 아픔의 현장에 눈길을 보내는 시인이 있다. 1977년 경북 포항에서 태어난 포항의 시인 김현욱이 그이다. 포항은 『삼국유사』의 첫 장을 장식한 '연오랑 세오녀' 의 배경이 된 참으로 오래된 포구의 하나지만 '포철 신화' 를 이룩한 산업화의 역군들이 계획적으로 일궈낸 공업도시이기도 하다. 일단 제일 앞머리의 시부터 보자.

상가 외벽 낭떠러지에서
차가운 바닥으로
내팽개쳐지는 아이들이 안타까워
겨우내
수많은 어머니가
목말을 타고
허리춤을 부여잡으며
얼음 사다리를 놓았던 것이다

날이 풀리면
얼음 사다리를 타고
맑은 눈동자를 가진 아이들이
똑
똑
똑
얼어붙은 땅을 깨울 것이다

—「얼음 사다리」 전문

방수가 잘못되어 겨우내 상가 외벽에 얼음이 얼어붙어 있었던가 보다. 상가라는 곳에는 학원이 많이 들어가 있는데, "상가 외벽 낭떠러지에서/ 차가운 바닥으로/ 내팽겨쳐지는 아이들"을 안타깝게 여기는 어머니들이 '얼음 사다리'를 만들어 아이들을 보호하려고 한다. 이 시에서 어머니라는 존재는 아이들을 억지로 학원에 보내는 구속자가 아니라 위기에 처해 있는 아이들을 구해주는 스파이더맨 같은 역할을 하고 있다. 제2연을 보니 날이 풀려 얼음 사다리를 타고 내려온 "맑은 눈동자를 가진 아이들이" 얼어붙은 땅을 깨울 것이라고 한다. 다분히 희망적인 메시지를 보여주는 이유는 어디에서 연유한 것일까? 세상은 절망스럽지만 시인은 아이들한테서 희망의 싹을 보고 싶었기 때문일 것이다.

시집 제일 앞머리의 시가 전하는 메시지가 '희망'이라는 것이 의미심장하다. 세상살이가 참으로 힘들지만 희망을 잃지 말자는 것이 김현욱 시인이 시를 통해 말하고자 하는 최종결론이 아닐까.

> 늙은 아버지의 한숨소리가 빈 소주병처럼 널브러져 있고
> 오래 비어져 있던 누이의 방
> 너무 일찍 세상의 비린내를 맡았던 것일까
> 허물처럼 벗어놓은 너의 희디흰 교복만
> 그리움처럼 개어져 있는데

너는 어디서 무얼 하고 있느냐

—「귀향」 부분

이 시에 등장하는 아버지는 공사현장에서 철근을 지고 다니는 노동자이고 누이는 행방이 묘연하다. 아버지가 내미는 새 학기 등록금은 구겨진 만원권 지폐로 되어 있다. 죄송하지만 받지 않을 수 없는 돈이다. "먼 서울의 사하라/ 내가 찾던 진실과 희망의 오아시스는/ 늘 신기루로 떠돌아 목마른 영혼/ 갈 길 모르는 순례자여"라고 외치던 화자는 그날 밤, 꿈을 꾼다. "내 누이를 닮은 아랍 여인이 꿈속의 나를 이끌어/ 사하라를 지나/ 저 푸른 사랑의 바다 지중해로/ 한 걸음 한 걸음 인도하고 있"는 꿈을. 이 시가 말해주는 현실상황은 결코 희망적이라고 할 수 없다. 늙은 아버지가 노동해서 벌어 오는 돈을 자식은 다음 학기 등록금으로 내야만 하고, 딸은 소식도 없으므로. 하지만 화자가 찾는 것은 "진실과 희망의 오아시스"이고, 꿈속에서나마 가는 곳은 "저 푸른 사랑의 바다 지중해"이다. 러시아의 문호 푸시킨의 유명한 「삶」이란 시 "생활이 그대를 속일지라도 슬퍼하거나 노여워하지 말라, 설움의 날을 참고 견디면 머지않아 기쁨의 날이 오리니" 하면서 시작되는 그대로, 어느 누구에게나 현실은 견뎌내기가 버겁지만 내일을 향한 꿈만은 버려서 안 된다고 시인은 말하고 싶은 것이다.

오늘날 상당수 시인이 자신의 내면 탐색에 골몰하는데, 김현욱은 거의 언제나 이웃의 삶에 대해 관심을 갖는다. 「휴면기休眠期」 같은 시는 환경미화원이 주인공이다. 이 시에 대해서는 다른 지면에서 이렇게 평을 한 적이 있다.

> 환경미화원이 가로수에다 둘러싸는 볏짚을 가리켜 잠복소라고 하는가. 애벌레의 겨울나기와 환경미화원의 봄날 잠복소 태우기는 이를 곁눈질하는 휴면기의 가로수와 더불어 잔잔한 감동의 물결을 전해준다. 애벌레가 불꽃 속에서 한 마리의 호랑나비가 되어 팔랑팔랑 날아오르자 안타까움에 몸을 떨던 가로수가 그때서야 비로소 참았던 숨을 내쉰다. 이 땅 장삼이사의 심정이 다 그렇지 않겠는가. 이웃의 딱한 처지를 보고 안타까워하는 마음은 동병상련이기에 그러한 것이려니. "꽃망울 밀어올리는 가로수의 눈동자가/ 겨우내 더욱 깊어진 것을 본다"는 마지막 문장은 그야말로 화룡점정이다.

거리에서 청소를 하고 있는 환경미화원들을 우리는 무심코 보지만 김현욱 시인은 유심히 본다. 보는 데서 그치지 않고 그들의 삶과 꿈을 들려준다. 한 환경미화원이 처해 있는 현실은 "소식 끊은 삼남매"가 말해주듯이 불행하기 이를 데 없지만, 환경을 아름답게 하는 것이 직업인 그는 봄에 "꽃망울 밀어 올리는 가로수의 눈동자가/ 겨우내 더욱 깊어진 것을" 본다. 즉, 생의 가치와 생명체의 끈질긴 생명력을 본다. 시인이 그중 애정 어린 눈길로 살피는 이들은 비정규직 노동자들이다.

이따금 확성기에서
비정규직 철폐라는 낯선 낱말들이
대낮 오로라로 펄럭거리다가 주저앉는다
이곳은 불의 나라

—「이글루」 부분

터벅터벅 일곱 발자국 걸어 나오며
이글거리는 꽃잎의 사자후로
비, 정, 규, 직, 철, 폐
희망게 외치던
살아 있는 꽃

—「분신화(焚身花)」 제2연

앞의 시는 포스코 사거리에다 천막을 치고 농성에 들어간 비정규직 노동자들의 농성 현장을 다룬 것이다. 에스키모인들의 집 이글루는 이 시에서 농성용 천막이 된다. 시인은 쟁의의 앞날이 불확실할 것을 알지만 "이글루 둘러싼/

거대한 불의 바리케이드 틈으로/ 차가운 희망이 뚝뚝 떨어질 것이다/ 얼음불꽃으로 타올라 세상 덥힐 때까지" 라고 하면서 희망만은 잃지 말 것을 당부하고 있다. 뒤의 시에 나오는 '희망게' 는 아마도 '希望偈' 일 터인데, 아스팔트 위에 핀 꽃이 비유의 대상이 된다. "제 몸을 부싯돌 삼아/ 소신공양의 광합성을 꿈꾸다가/ 미륵세상 목 놓아 부르는/ 인간의 꽃으로/ 마침내 환생한 분신화" 는 '비정규직 철폐' 를 외치고 있는 사람들이다. 또한 외치다 분신한 사람들이며, "삼계개고 오당안지로 아스팔트 위에 핀 꽃" 이며, 바로 그것이 분신화(焚身花)이다. '삼계개고 오당안지' 란 한자로는 '三界皆苦吾當安之' 라 쓰는 것으로, 원래 '天上天下唯我獨尊' 에 이어지는 것이다. 석가는 탄생 직후 사방으로 일곱 걸음씩 걸은 다음 오른손과 왼손으로 각각 하늘과 땅을 가리키며 우렁찬 목소리로 "천상천하 유아독존, 삼계개고 오당안지" 라고 외쳤다 한다. 하늘 위와 하늘 아래에 오직 나 홀로 존귀하며, 온 세상이 모두 괴로움에 잠겨 있으니, 내가 마땅히 이를 편안하게 해주리라는 뜻이다. 이 설화가 말해주는 점은 이것이다. 부처가 이 세상에 온 것은 세상 사람들을 온갖 괴로움으로부터 건지기 위해서였다. 시인은 부처의 말을 전하면서 비정규직 제도가 철폐되는 날에 대한 꿈을 잃지 말자고 한다. 부처의 탄생설화를 응용한 이런 시도 있지만 아랑의 전설을 원용하여 시를 쓰기도 한다.

아랑은 죽어서 빚으로 남았다
그때부터 영남루 아랑각에는
채권추심무늬나비가 나타나 떠나지 않는다
빚으로 가득한 밀양의 거리를
소녀들이 애벌레처럼 지나간다
자라서 빚의 명함을 주고받으며
집단강간의 기억을 변제할 것이다

—「채권추심무늬나비」 앞부분

사채가 여성을 윤락가로 내모는 경우가 있다. 사채시장에서 문제되는 불법 채권추심은 돈을 빌려간 사람이 돈을 갚지 못하게 되었을 때, 고리대금업자가 폭력배를 동원해 폭력과 협박으로 생명을 위협하고 고금리와 원금을 강제로 회수해 가는 것으로 심각한 경우는 돈을 빌려주면서 신체포기각서를 쓰게 하고, 여성들을 윤락가에 팔아넘기거나 장기를 판매하는 경우도 있다. 이런 안타까운 현실에 대해 관심을 갖고 시를 쓰는 과정에서 아랑의 설화를 떠올린다.

아랑은 경상도 밀양 부사의 딸이었는데 어려서 어머니를 여의고 유모에게서 자란 미모의 처녀다. 음흉한 유모와 통인(通引, 지방 관아의 심부름꾼) 백가(白哥)가 흉계를 꾸며 어느 날 밤 달구경 나온 아랑을 욕보이려 한다. 아랑은 통인에게 한사코 항거하다 끝내 칼에 맞아 죽고, 영남루의 대숲에 버려진다. 부사는 아랑이 외간남자와 내통하다 함께 달아난 것으로 알고 벼슬을 사직한다. 이후부터 밀양에서는 신임 부사마다 부임하는 첫날밤에 의문의 주검으로 발견되어 모두 그 자리를 꺼리게 되는데 이상사(李上舍)라는 담이 큰 사람이 밀양 부사를 자원하여 온다. 부임 첫날 밤에 나타난 아랑의 원혼에게 억울한 죽음을 들은 그는 원한을 풀어주기로 약속한다. 이상사는 곧 백가를 잡아 처형하고 아랑의 주검을 찾아내어 장사지내니 그 뒤로는 원혼이 나타나지 않았다고 한다.

억울하게 죽은 아랑 같은 인물이 옛날에 있었나 보다. 그런데 지금 이 시대에도 그런 억울한 사람이 있기에 시인은 "빚은 죽어서도 사라지지 않는다/ 한 여자가 신체포기각서에 날인하며/ 인생을 연체시킨다" 고 표현한다. 이와 같이 우리 사회의 음지에서 살아가는 사람들에 대해 늘 관심을 갖고 있던 시인에게 용산참사는 그냥 넘어갈 수 없는 일이었다.

> 말벌집 제거작전이 개시되었다
> 무장한 제거반이 컨테이너에 실려
> 망루 가까이 다가가자 화염이 솟구쳐 오르고

순식간에 말벌집은 불바다가 되었다
폴리스라인 밖에서 가족들이 비명을 지르며
하나 둘 쓰러져 갔다

—「말벌집이 있던 자리」 부분

동네에 말벌집이 생기면 119구급대를 부르고, 구급대는 화염방사기로 말벌집 제거작전에 들어간다. 그런데 2009년 1월 용산에서는 농성에 들어간 세입자들을 그런 식으로 제거하려 들어 6명이 목숨을 잃었다. 우리 사회는 용산참사가 짙게 드리운 그림자를 다 벗어버린 것일까? 2011년 6월 한진중공업 사태 때 정리해고 철회를 위해 고공농성을 벌이던 김진숙 민주노총 지도위원을 지원하기 위해 시작된 희망버스가 그녀가 농성을 끝내면서 멈추었지만 얼마 전에 현대자동차 울산공장 시위현장에 다시 나타났다. 이번에는 폭력사태로 얼룩진 '희망' 버스가 되었다. 구미 불산 누출사고, 삼성전자 화성사업장 불산 누출사고, 여수 대림산업 고밀도폴리에틸렌(HDPE) 공장 폭발사고, 노량진 배수지 수몰사고, 충남 태안 사설 해병대 캠프 사고……. 제주도 강정마을 사람들은 평안하신가? 우리 사회에서는 각종 사고가 이와 같이 끝이 없이 이어지고 있다. 비리를 갖고 따져본다면 원자력발전소 납품 비리에서부터 시작하여 각종 비리가 대형사고의 빈도보다 훨씬 높을 것이다. 사고와 비리 공화국이라고 하면 너무 비관적인 시각인지도 모르겠지만 흔히 '人災'라고 말하는 각종 사고를 언론에서 접하노라면 이 땅에 사는 자의 슬픔을 만끽하게 된다. 퇴근 무렵에 백화점이 무너지고 출근길에 한강다리가 무너지고 등굣길에 대구 지하철 공사장 폭파사건이 일어난다.

대다수 시인은 이제 이런 사회문제를 시의 소재로 다루려고 하지 않는다. 1970~80년대까지는 그렇게 않았는데 1990년대부터는 언론에서 다룬 일을 내가 시에서 다시 거론할 필요가 있는가? 하는 생각이 팽배해 있는지, 사회의식이나 역사의식은 시인들에게서 멀어져 버린 듯하다. 하지만 김현욱 시인은 민주주의사회에서의 불평등이나 자본주의사회에서의 불균형을 계속해서 탐색하는 관찰자의 역할을 게을리 하지 않는다. 병자를 고쳐보려는 의사의 역할을 게을리 하지 않는다. "정리해고된 단풍잎이 우수수 떨어졌다"(「단풍나무」)고 묘사하기도 하고, "용산역에서 전자상가로 가는 굴다리 앞에 노숙자들 긴 줄 서 있"(「겨울역」)는 것을 애처롭게 바라보기도 한다. 생태환경문제도 주요한 관심거리이다.

> 녹색이
> 우주 최고의 문명이라는 것을

우주의 마지막 비밀이라는 것을
깨달았던 것이다

—「외계인들」 부분

아마존 강 동북부 밀림에 아와족은 벌목업자의 위협에 시달리다 깊은 밀림 속으로 사라졌습니다. 그들이 다시 발견된다면 그곳은 아마존 최후의 원시림이겠지요

—「목신제」 부분

외계인들이 너무나 아름다운 녹색별을 보고 찾아왔다고 하는 앞의 시는 〈이티〉나 〈크로스 앤 카운터〉 같은 영화를 연상시킨다. 외계인들은 지구가 얼마나 아름답고 좋았으면 "자기네 별로 돌아가지 않고/ 여태 남아 있"는 것일까. 초록색 혹성이 이렇게 아름다운 이유는 밀림 덕분인데, 21세기인 지금 지구 곳곳의 밀림이 사라지고 있는 중이다. 시인은 정이품송에게 "뭉크의 절규는 나무가 한 그루도 없기 때문이지요"라고 말하기도 하고, "사실 나무(木)란 수(十) 많은 인(人)간이 깃들어 사는 곳, 한 나무가 쓰러질 때마다 얼마나 많은 목숨이 함께 무너지는지 당신은 똑똑히 보아 왔겠지요"라고 말하며 안타까움을 금치 못하기도 한다. 모든 생명체는 적자생존의 관계인가? 그런 측면도 있지만 한편으로는 상생(相生)의 관계이기도 하다.

만물의 영장인 우리 인간은 식물을 잘 돌봐야 하는데 반대로 남벌을 일삼고 있다. 이 두 편 시는 지구를 잘 지키지 못하고 있는 인간에 대한 비판이요 풍자다.

포항의 시인이니 만큼 포항을 노래한 시가 있는지 살펴보았더니 다행히도 「포항 팔경」이 있다. 해설자가 알기로는 형산강 저녁나절에 비 내리는 모습, 죽림산의 맑고 부드러운 바람, 신포에서 즐기는 낚시, 서쪽 저수지 「西堤」에서 흐르는 봄날의 물, 갈산 「水道山」이 해질 무렵에 반사되는 모습, 용택(항구동의 북서지역)의 낙조 현상, 먼 바다에서 돌아오는 돛단배의 모습, 모래펄에 내려앉은 기러기의 모습이 포항팔경인데 시인은 달리 보고 있다. 일경은 저물녘의 영일만, 이경은 호미곶 일출, 삼경은 "대보면 구만리 청보리밭 위에서/ 숨바꼭질하는 푸른 바람의 아이들", 사경은 "자정 무렵 송도해수욕장 실비상회에 앉아/ 바라보는 제철소 야경"이다. 오경은 "개풍약국 지나 어시장까지/ 거대한 체험 뮤지컬 〈죽도시장〉"이라고 하는데 아마도 포항에서 태어나 줄곧 그곳에서 살아온 시인이 그동안 발견하고 간직한 포항의 숨은 비경이 아닐까 싶다. 육경은 "홍해興海, 청하淸河, 송라松蘿/ 그 곱디고운 이름 따라 얽히고설킨/ 옛이야기"라고 하였다. 한여름의 보경사와 늦가을의 오어사를 합쳐서 칠경이라고 하였다. 그럼 팔경은?

언젠가
당신이 와서 명명할
미지의 포항 어딘가
오롯이 기다리고 있을
생물의 풍경,
그곳이 바로
팔경입니다

—「포항 팔경」 마지막 부분

사람들이 살아가고 있는 도시, 포항의 어디를 보고 마음에 든다면 그곳이 바로 팔경이라는 것이다. 독자에게 팔경을 명명해보라고 맡기는 결구가 너무나 재미있다. 포항의 관문이라고 할 수 있는 영일만을 배경으로 한 연오랑 세오녀 설화는 완전히 현대판 이야기로 탈바꿈한다.

일월지日月池를 기억하나요
얼룩무늬 당신이 일병이었을 때
첫 면회 갔던 곳
연꽃 만발하던 일월교에서
화랑처럼 달려나오던
당신의 팔각모 부신 듯 바라보며
어쩌면 그때

저 팔각 안에서 꽃잠을 자겠구나!
덜컥, 마음의 저고리
풀어 버렸는지도 모르지요

—「세오녀가 연오랑을」 전반부

이 시에서 세오녀는 처녀요 연오랑은 해병대 일병이다. 세오녀가 연오랑에게 보내는 편지 형식으로 전개되는 이 시는 일종의 연애편지요 연애시인데 몇 해 전 두 사람이 했던 사랑을 그 옛날 설화 속에 나오는 두 사람 이야기와 대비시켜 보니 크게 다를 바 없다는 것이다. 설화 속의 이야기는 이렇다.

연오랑과 세오녀는 신라의 동해 바닷가에 살고 있던 부부인데, 157년(신라 아달라왕 4) 미역을 따러 나간 연오랑이 올라섰던 바위(물고기라고도 한다)가 움직여 일본의 한 섬에 닿아 임금이 되었다. 남편을 찾아 나선 세오녀 또한 바위에 실려 일본에 닿아 연오랑을 만나고 왕비가 되었다. 그때 신라에서는 돌연 해와 달이 빛을 잃게 되었다. 변괴에 놀란 왕이 일관(日官)에게 물으니, 이는 해와 달의 정(精)이 신라에서 일본으로 건너간 탓이라고 아뢰었다. 왕이 급히 사신을 보내 두 사람을 찾으니, 연오랑은 하늘의 뜻이라 돌아갈 수는 없으나 세오녀가 짠 세초(생사로 가늘게 짠 비단)를 가지고 돌아가 하늘에 제사지내라 하였다. 그대로 하였더니 다시 해와 달이 밝아졌다. 이때부터 제사 지낸 곳을 영일현(지금의 영일만)이라 하였다. 이는 태양신에 관한 신화로서는 우리나라에서 유일한 것이라고 한다. 이 이야기를 시인은 현대사회를 사는 두 연인의 이야기로 바꿔 이렇게 끌고 간다.

늘 당신 이름 앞에
포항시남구오천읍일월동, 이라는
열한 글자 형용사를 붙이다
그때서야 그 뜻이
사랑하는 당신…… 이었다는 것을
알았지요
모르다 뒤늦게 아는 것이
대부분 사랑이라는 걸
일월동 일월지 일월교 위에서
세오녀가 연오랑 찾아
그 먼 길 간 찰나의 뜻을
기어이
알아버렸지요

—「세오녀가 연오랑을」 후반부

멀리 떠나간 남자를 불원천리 찾아가는 여인의 이야기

라는 점에서 공통점이 있다. 옛이야기 속의 일본행도 불가항력적인 것이었고 남정네의 군 입대도 불가항력적인 것이다. 처녀가 면회를 가면서 문득 생각한다, 세오녀가 연오랑을 찾아 "그 먼 길 간 찰나의 뜻"을 알게 되었다는 것이 이 시의 마지막 구이다. 결국 인간의 사랑의 감정은 예나 지금이나 별반 다를 게 없다는 것이 이 시의 주제가 아닌가 한다.

시집 전체의 주제는 앞에서 언급했듯이 '희망'이다. 세월이 하 수상하여 시련이 계속 이어질지라도 우리는 희망을 버려서는 안 됨을 다음 시에서도 강조하고 있다.

얼마나 기다려야 하는가
얼마나 더 오래 기다려야 하는가
목련에게 묻는다
봄의 성화여
저 타오르는 순백색 불꽃이여
어떤 기다림의 자세여야 하는가
어떤 기다림의 자세로 겨우내 기도했는가
말갈기처럼 흩날리던 눈보라
휘몰아치던 서릿바람
그 혹독한 모멸과 배신의 계절을
너의 믿음은 따뜻한 수액으로 살아 흐르고 있었는가

얼어붙은 기다림의 왼손을

따뜻한 희망의 오른손이 잡아주었는가

—「목련에게 묻다」 앞 연

영국의 낭만파 시인 P. B. 셸리의 「서풍에게」에는 유명한 시구 "겨울이 온다면 봄 또한 어찌 멀었으랴?"가 생각난다. 김현욱 시인은 겨울을 이겨낸 목련꽃을 본받자고 말한다. 목련은 봄이 오니까 그저 피어난 것이 아니다. "말갈기처럼 흩날리던 눈보라"와 "휘몰아치던 서릿바람", "그 혹독한 모멸과 배신의 계절을" 버티면서 내일에 대한 희망, 즉 믿음을 버리지 않았기에 꽃을 피워낼 수 있는 것이다. 그런데 여기서 중요한 것은 "얼어붙은 기다림의 왼손을/ 따뜻한 희망의 오른손이 잡아주었는가" 하는 부분이다. 이것에서 독자는 사람과 사람 사이의 '유대'나 '연대' 혹은 타인에 대한 '배려'나 '관심'을 연상할 수 있을 것이다. 우리는 각자가 단독자가 아니라 사회의 구성인자요 공동체의 일원이다. 서로 돕고 사는 가운데 유대감이 형성됨을 시인은 말해주고 싶었던 것이리라.

지금까지 살펴 본 김현욱 시인의 시 세계는 소재도 풍부하고 주제도 다양하다. 김현욱 시인의 사회적 관심사가 이룩한 시적 성취도를 높이 평가하고 싶다. 다만 앞으로는 미학적인 완성도에 대해 조금 더 신경을 써 짧지만 견고한 시를 썼으면 좋겠다. 이제 막 첫 시집을 내려고 하는 시인에게 선배가 들려주는 조언이라고 생각해주면 고맙겠다.

모쪼록 김현욱 시인이 포항을 대표하는 시인에서 이 시대의 아픔과 이웃의 슬픔을 서럽도록 아름답게 형상화하는 우리 시대의 대표적인 시인이 되기를 바라면서 여기서 그만 펜을 거둬들일까 한다.